SUR GRIN VOS CONNAISSANCES
SE FONT PAYER

AF143600

- Nous publions vos devoirs
  et votre thèse de bachelor et master

- Votre propre eBook et livre –
  dans tous les magasins principaux du monde

- Gagnez sur chaque vente

Téléchargez maintentant sur www.GRIN.com
et publiez gratuitement

Tina Müller

La bataille des langues en Belgique

GRIN Publishing

Bibliographic information published by the German National Library:

The German National Library lists this publication in the National Bibliography;
detailed bibliographic data are available on the Internet at http://dnb.dnb.de .

Imprint:

Copyright © 2014 GRIN Verlag GmbH
Print and binding: Books on Demand GmbH, Norderstedt Germany
ISBN: 978-3-656-89465-0

This book at GRIN:

http://www.grin.com/fr/e-book/289185/la-bataille-des-langues-en-belgique

GRIN - Your knowledge has value

La bataille des langues en Belgique

Une dissertation de Tina Müller

Table des matières

La bataille des langues en Belgique

1   Préface : La francophonie une communauté forte

La francophonie désigne l'ensemble des personnes et des institutions qui utilisent le français comme langue maternelle, langue d'usage, langue administrative, langue d'enseignement ou langue choisie.[1] Le terme francophonie apparait pour la première fois vers 1880, lorsqu'un géographe français, Onésime Reclus, l'utilise pour désigner l'ensemble des personnes et des pays parlant le français[2]. Selon le dernier rapport en date de l'Observatoire de la langue française, publié en 2010, il y aurait aujourd'hui 220 millions de locuteurs répartis sur les cinq continents.[3]

La Francophonie incarne l'esprit de la révolution française de 1789 : l'égalité, la liberté et la fraternité sont des mots-clés pour la francophonie. La francophonie décrit une communauté, qui, face à l'hégémonie de l'anglais, défend la langue française et les cultures qu'elle représente. Avec la France comme point de départ et métropole, la francophonie donne la langue et culture française plus importance dans la monde entière.[4] L'organisation internationale de la francophonie (OIF) a été créée en 1970. Elle a pour objectifs la promotion de la langue française et de la diversité culturelle et linguistique mais aussi la promotion de la paix, de la démocratie et des droits de l'Homme. En outre, elle se donne pour mission d'appuyer l'éducation, la formation, l'enseignement supérieur et la recherche et de développer la coopération au service du développement durable.[5] Tous les deux ans, les chefs d'État ou de gouvernement des pays membres se réunissent pour un Sommet. Le Sommet de la Francophonie est l'instance suprême de la Francophonie. Il définit les orientations de la Francophonie afin d'assurer son rayonnement dans le monde. Il adopte toute résolution jugée nécessaire à son bon fonctionnement et à la

---

[1] Voir: Fischer, W./ Le Plouhinec, A., Mots et contexte, Thematischer Oberstufenwortschatz Französisch, Ernst Klett Verlag, Stuttgart 2011, p. 198
[2] Voir: Kolboom, I., Frankophonie: Der lange Weg eines Begriffs zur politischen Bewegung (1880-1998), dans: Kolboom, I./ Rill, B., Frankophonie- nationale und internationale Dimensionen, Hans- Seidel- Stiftung e.V., München 2002, p. 21
[3] Voir: Organisation international de la francophonie (Hg.), Qu´est-ce que la francophonie, dans: http://www.francophonie.org/-Qu-est-ce-que-la-Francophonie-.html, du 09.09.2014
[4] Voir: Kolboom, I., Frankophonie: Der lange Weg eines Begriffs zur politischen Bewegung (1880-1998), dans: Kolboom, I./ Rill, B., Frankophonie- nationale und internationale Dimensionen, Hans- Seidel- Stiftung e.V., München 2002, p. 22
[5] Voir: Organisation international de la francophonie (Hg.), Qu´est-ce que la francophonie, dans: http://www.francophonie.org/-Qu-est-ce-que-la-Francophonie-.html, du 09.09.2014

réalisation de ses objectifs. De surcroit, il élit le Secrétaire général de la Francophonie, (actuellement Abdou Diouf).[6]

Si les institutions de la Francophonie sont puissantes et que beaucoup s'engagent pour atteindre les objectifs fixés par l'OIF, il n'en reste pas moins que dans certains pays la place du français est objet de vastes polémiques. Ainsi en est-il de la Belgique où les tensions entre Wallons et Flamands sont importantes. Alfred Minke a écrit : « La Belgique est une formation artificielle »[7]. Cela signifie que la Belgique se présente comme un État, alors qu'en réalité le pays est divisé depuis longtemps. Dans le guide de Baedeker de 1890 déjà, on déconseillait de visiter la Belgique à cause des tensions entre les groupes ethniques. 124 ans plus tard, le pays existe toujours, mais les dissensions entre les Flamands et les Wallons aussi. Le conflit linguistique est un sujet complexe et il faut regarder loin en arrière dans l'histoire pour comprendre la situation et l'origine des tensions. En effet, ces tensions sont liées à des événements historiques précis.[8]

2 La question communautaire en Belgique

La question communautaire en Belgique est étroitement liée à la situation linguistique du pays et aux tensions entre les habitants qui parlent le néerlandais et ceux qui parlent le français.[9]Ce conflit existe depuis la fin du 18[ème]siècle.[10]Il est né de différences culturelles et politiques et a atteint son apogée au 20ème siècle.[11]Aujourd'hui, la Belgique a trois langues officielles dont l'implantation est très territorialisée.[12]

---

[6] Voir: Organisation internationale de la francophonie (Hg.), Qu´est-ce que la francophonie ?, dans: http://www.francophonie.org/Le-Sommet.html, du 09.09.2014
[7] Voir: Minke, A., Flamen und Wallonen- Zerreißprobe für Belgien?, dans: Kolboom, I./ Rill, B., Frankophonie- nationale und internationale Dimensionen, Hans- Seidel- Stiftung e.V., München 2002, p. 77
[8] Voir: ibid.
[9] Voir : Sparrer, P., Brüssel, Sprachenstreit und Kulturkampf, Michael Müller Verlag GmbH, Erlangen 2011, p. 25
[10] Voir: Minke, A., Flamen und Wallonen- Zerreißprobe für Belgien?, dans: Kolboom, I./ Rill, B., Frankophonie- nationale und internationale Dimensionen, Hans- Seidel- Stiftung e.V., München 2002, p. 77
[11] Voir: Bündnis 90/Die Grünen (Franke, C.),Der flämisch-wallonische Konflikt und die Lösung über den europäischen Weg, dans: http://christian-franke.org/belgien-der-flamisch-wallonische-konflikt/2/, du 07.10.2014
[12] Voir: Eisenschmid, R., Brüssel, Karl Baedecker Verlag, Ostfildern 2010, p.21

2.1 Démembrement actuel de la Belgique et langues parlées

On ne peut affirmer que la Belgique est un pays uni, dans la mesure où il n'y a ni langue ni culture communes unissant les citoyens. Ainsi, les étrangers se posent la question de l'identité réelle de la Belgique. Il faut dire que la situation de la Belgique est complexe puisqu'elle comprend trois communautés: la communauté germanophone, la communauté flamande et la communauté française. En outre, elle est divisée en quatre régions linguistiques: la région de langue allemande, la région de langue française, la région de langue néerlandaise et la région bilingue de Bruxelles-Capitale.[13]

2.1.1 La Flandre

La région flamande est située dans le nord de la Belgique. Elle a une superficie d'environ 13 522 kilomètres carrés et compte 6,1 millions d'habitants, ce qui correspond à 59% de la population belge.[14]La langue officielle et la langue écrite couramment utilisée en Flandre est le néerlandais standard. Ce néerlandais belge est légèrement différent de la langue utilisée aux Pays-Bas. Toutefois, les Flamands parlent principalement des variantes dialectales, et l'on distingue le flamand occidental, le flamand oriental, le brabançon et le limbourgeois.[15]Anvers, Gand, Bruges et Louvain sont les villes plus importantes en Flandre.[16]

2.1.2 La Wallonie

La région wallonne regroupe géographiquement la moitié sud de la Belgique. Elle a une superficie de 16 845 kilomètres carrés et compte 3,4 millions d'habitants, ce qui correspond à environ 30% de la population belge.[17]Le dialecte le plus important en Wallonie est le wallon, qui est une langue d'oïl, donc apparentée au français. Certains linguistes le considèrent comme une langue indépendante, mais la langue officielle de la

---

[13] Voir: Ibid
[14] Voir : Ballin, S., Bruckmayer, B., Durchholz, M., Floure, A., Herr, S., Herzberg, B., Lenz, H., Horizons, Ernst Klett Verlag, Leipzig, 2012, p. 78
[15] Voir : Sueddeutsche.de, Flandern, dans: http://www.sueddeutsche.de/thema/Flandern, du 11.10.2014
[16] Voir : Ballin, S., Bruckmayer, B., Durchholz, M., Floure, A., Herr, S., Herzberg, B., Lenz, H., Horizons, Ernst Klett Verlag, Leipzig, 2012, p. 78
[17] Voir: Ibid

région wallonne est français.[18]La capitale est Namur, la plus grande ville est Charleroi et le centre culturel et économique actuel est Liège. Parmi les autres villes importantes, on peut citer Mons et Tournai.[19]

2.1.3 La région de Bruxelles-Capitale

La région de Bruxelles capitale est sur le territoire flamand. Elle a une superficie de 161 kilomètres carrés avec une population d'un million d'habitants[20], qui vivent dans 19 communautés dans et autour de Bruxelles. Les Bruxellois représentent donc 10% de la population belge. Bruxelles est bilingue, ce qui signifie que la population parle le français ou le néerlandais. Cependant le français domine[21].

2.1.4 La région germanophone en Belgique

La région germanophone de Belgique comprend neuf communautés sur la frontière belgo-allemande, qui appartiennent toutes à la région wallonne.

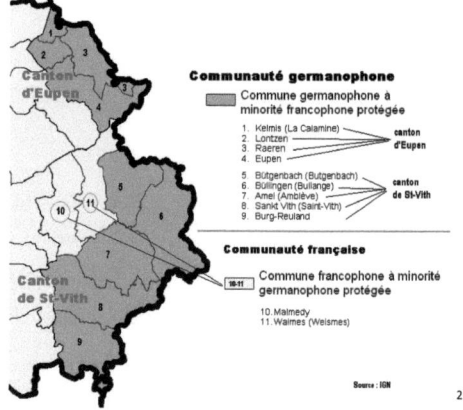

22

[18] Voir: Sochorek (Sochorek, R.), Wallonisch-ein französischer Dialekt ?, dans: http://www.sochorek.cz/de/pr/blog/1137530770-wallonisch-ein-franzosischer-dialekt.htm, du 11.10.2014
[19]Voir: Belgien Tourismus (Hg.), Städte in Südbelgien, dans: http://www.belgien-tourismus.de/contenus/stadte-in-sudbelgien/de/4985.html, du 10.10.2014
[20] Voir: Sochorek (Sochorek, R.), Wallonisch-ein französischer Dialekt ?, dans: http://www.sochorek.cz/de/pr/blog/1137530770-wallonisch-ein-franzosischer-dialekt.htm, du 11.10.2014
[21] Voir: Eisenschmid, R., Brüssel, Karl Baedecker Verlag, Ostfildern 2010, p.17
[22]Voir :La Communauté germanophone de Belgique (Hg.), Carte de la communauté germanophone, dans : http://www.axl.cefan.ulaval.ca/europe/belgique_cartegermanophone.htm, du 11.10.2014

Le territoire de la communauté germanophone est bordé au nord par la frontière tripartite Allemagne-Belgique-Pays-Bas et à l'est par l'Allemagne et le Luxembourg. Au sud et à l´ouest se trouve le territoire de la communauté française de Belgique.[23]Du point de vue de la population, avec un peu plus de 74 000 habitants, c'est la plus petite des trois communautés en Belgique. Mais du point de vue territorial, avec une superficie de 854 kilomètres carrés, elle est plus vaste que la région de Bruxelles-Capitale. Les germanophones représentent moins de 1% de la population belge. La langue officielle est l´allemand. Les villes les plus importantes sont Eupen et Saint-Vith.[24]

2.2 L´histoire de la Belgique : développement du conflit linguistique

Depuis que l'État belge a été fondé en 1830, la communauté flamande et la communauté wallone, qui sont complètement différentes se trouvent face à face et peinent à fonder un État unitaire commun. En raison des différences idéologiques, linguistiques et culturelles, on définit la fusion entre les Flamands néerlandophones et les Wallons francophones comme un artefact pur. Les tensions entre Wallons et Flamands ne sont pas seulement dues aux différences linguistiques, mais aussi aux événements et aux choix politiques, ainsi qu'aux différences culturelles.[25]Pour bien le comprendre, il convient de s'intéresser aux événements survenus depuis 1790, en effet, c'est à ce moment-là que l'histoire de la Belgique réunie commence.

2.2.1 Le premier État belge

A partir de1714, la Belgique fait partie des Pays-Bas autrichiens, qui comprennent le territoire de l'actuelle Belgique et le Luxembourg[26]. En 1764, Joseph II (1741-1790) devient empereur des Pays-Bas autrichiens. Il tente alors de réduire l'influence de la noblesse et du clergé et réussit, par exemple, à abolir le servage des paysans. Il entreprend également une série de réformes de grande envergure. Dans le domaine de la justice, de la médecine, de l'administration et de la politique religieuse, mais aussi dans

---

[23] Voir: Michael, T., Diercke Weltatlas, Westermann Druck, Braunschweig, 2002, p. 68
[24] Voir: Flaggenlexikon (Hrg.), Deutschsprachige Gemeinschaft in Belgien, dans: http://www.flaggenlexikon.de/fbelgd.htm#Zahlen, du 11.10.2014
[25] Voir: Süßenbach, D., Der Flämisch-wallonische Konflikt: Ausschließlich ein Sprachenstreit?, Grin Verlag GmbH, Norderstedt, 2007, p. 3
[26] Voir: Minke, A., Flamen und Wallonen- Zerreißprobe für Belgien?, dans: Kolboom, I./ Rill, B., Frankophonie- nationale und internationale Dimensionen, Hans- Seidel- Stiftung e.V., München 2002, p. 78

le domaine du théâtre et particulièrement du théâtre musical, il a une influence positive, qui continue en partie pendant une longue période[27]. Mais les habitants du pays renâclent massivement devant les réformes centralistes et absolutistes de l'empereur Joseph II. Cette résistance aboutit en 1789 à la Révolution brabançonne, un mouvement qui prétend maintenir l'ordre social et le défendre contre Joseph II et son despotisme éclairé. Dans ce contexte, les provinces des Pays-Bas autrichiens développent un fort sentiment d'appartenance, qui culmine dans la première création d'un État belge, les États belgiques unis, le 11 Janvier 1790.[28]Le frère et successeur de Joseph, Léopold II réussit à arrêter les émeutes, mais pas à surmonter les contradictions qui existent à l'époque entre la Flandre néerlandophone au nord et les Wallons francophones dans le sud.

2.2.2 L'annexion de la Belgique par la France en 1794

L'année 1794 marque un tournant : la France parvient en effet à occuper les Pays-Bas autrichiens et donc la Belgique d'aujourd'hui. En 1795, la Belgique est annexée à la France, une situation qui durera dix-neuf ans. A cette époque, on assiste à une modernisation de la vie publique en Belgique : ainsi, les anciennes unités politiques sont supprimées tandis que le système scolaire est dominé par le modèle français.[29] Dans les écoles, on parle français, parce que c'est la langue des dirigeants et de la noblesse. Le néerlandais perd encore de son prestige et devient la langue des couches inférieures de la société.[30]La Belgique étant française, le choix entre le français et le néerlandais ne se pose plus.

2.2.3 Le Congrès de Vienne : l'affiliation obligatoire de la Belgique aux Pays-Bas

Lors du Congrès de Vienne en 1815, on décide que la Belgique et les Pays-Bas doivent être réunis au sein d'un «Royaume uni des Pays-Bas ». Dans cette confédération, les députés belges conservent cependant de petits pouvoirs. Le souverain Guillaume Ier exerce un pouvoir autocratique et est peu ouvert aux valeurs libérales. Il s'attire les

---

[27] Voir: Die Welt der Habsburger (Hrg.), Joseph II., dans: http://www.habsburger.net/de/personen/habsburger-herrscher/joseph-ii, du 12.10.2014
[28] Voir: Wissen.de, Januar 1790- Brabant, dans: http://www.wissen.de/brabant-januar-1790, du 12.10.2014
[29] Voir: Minke, A., Flamen und Wallonen- Zerreißprobe für Belgien?, dans: Kolboom, I./ Rill, B., Frankophonie- nationale und internationale Dimensionen, Hans- Seidel- Stiftung e.V., München 2002, p. 78
[30] Voir: Eisenschmid, R., Brüssel, Karl Baedecker Verlag, Ostfildern 2010, p.20

foudres des libertaires, car il limite fortement les libertés individuelles, et notamment la liberté de la presse.[31] En outre, le roi Guillaume Ier prend parti pour la langue néerlandaise, ce qui provoque des résistances. Non seulement, la Wallonie veut conserver le français, mais c'est le cas aussi de la noblesse de Flandre. Ainsi, tandis que la couche supérieure de la société qui parle le français ne veut pas accepter la prédominance néerlandaise, les couches inférieures dénoncent la politique de Guillaume Ier.[32]Finalement, les Wallons comme les Flamands s'opposent à l'affiliation obligatoire.[33]

2.2.4 La révolution belge

En raison du rejet commun du roi Guillaume Ier et des soulèvements contre lui, la bourgeoisie belge fait, dans un premier temps, front commun. Une certaine communauté politique voit alors le jour, ce qui sera déterminant pour la création d'une nation belge. La population belge veut être libre d'influences néerlandaises. Prenant exemple sur la Révolution de juillet à Paris, la Révolution belge éclate le 25 août 1830. Le 25 septembre 1830, un gouvernement provisoire belge est créé et l'indépendance de la Belgique est proclamée le 4 octobre 1830.[34]

2.2.4.1 La référence à la France

La référence à la France est en « quelque sorte une anomalie congénitale de la Belgique ».[35] D'une part, la révolution belge prend pour modèle la Révolution française. D'autre part, les élections de 1830 témoignent de la faveur accordée à la langue française. Les premières élections du Congrès national belge ont lieu le 3 novembre 1830. Toutefois, seuls les censitaires et capacitaires ont le droit de voter, ce qui constitue 1% de la population. On peut dire que la nation belge de 1830 se limite en réalité à la population mâle et francophone : en effet, le français est la langue de la noblesse, c'est à dire de cette classe sociale qui constitue la majeure partie des électeurs. Autant dire qu'il y a là un fort potentiel de conflit[36]. Après la fondation de l'État, la

---

[31] Voir: Süßenbach, D., Der Flämisch-wallonische Konflikt: Ausschließlich ein Sprachenstreit?, Grin Verlag GmbH, Norderstedt, 2007, p. 4
[32] Voir: Krämer, P., Der innere Konflikt in Begien: Sprache und Politik,Verlag Dr. Müller, Saarbrücken, 2010, p. 23
[33] Voir : Sparrer, P., Brüssel, Sprachenstreit und Kulturkampf, Michael Müller Verlag GmbH, Erlangen 2011, p. 25
[34] Voir: Süßenbach, D., Der Flämisch-wallonische Konflikt: Ausschließlich ein Sprachenstreit?, Grin Verlag GmbH, Norderstedt, 2007, p. 4
[35] Eisenschmid, R., Brüssel, Karl Baedecker Verlag, Ostfildern 2010, p. 20
[36] Voir: Süßenbach, D., Der Flämisch-wallonische Konflikt: Ausschließlich ein Sprachenstreit?, Grin Verlag GmbH, Norderstedt, 2007, p. 4

« langue de la noblesse » est finalement désignée comme langue officielle. Cette décision avantage évidemment les Wallons et contribue à faire naître un sentiment d'hostilité chez les Flamands. I[37]

2.2.4.2 Grandes différences sociales

A cause de la faveur accordée à la langue des couches supérieures de la société, un certain nombre de problèmes de communication entre la population et les instances étatiques se posent.[38] En effet, les citoyens néerlandophones ne peuvent pas participer au processus politique, ni à la vie active. Leur accès à l'information est également plus difficile. Le prestige social de la classe supérieure s'accentue alors, n'étant plus seulement lié à la langue, mais aussi à la puissance économique. Peu à peu, l'écart entre les classes sociales s'aggrave en même temps que les relations entre Wallons et Flamands se détériorent. Le problème de la langue est donc, en même temps, un problème social.[39]

2.2.4.3 Le catholicisme contre le libéralisme

On peut considérer que la religion joue également un rôle dans les tensions entre Flamands et Wallons au cours du 19ᵉ siècle. Alors que la Wallonie s'est rapidement sécularisée, estimant que l'influence de l'Église était trop importante pour l'évolution de la société, la Flandre est restée dans une forte dépendance à l'Église.[40]Le point litigieux principal est le système scolaire: les libéraux appellent à la mise en place d'un système scolaire parallèle et ne veulent plus que le système éducatif soit dominé par l'Église[41]. L'histoire appelle cet événement « la première guerre scolaire ». En 1879 le ministère belge crée une loi pour constater la dominante influence du gouvernement sur le système scolaire[42]. Dans ce conflit, la question linguistique n'est pas au premier plan, dans la mesure où les cours doivent dans les deux cas être dispensés en français, qui est

[37] Voir: Eisenschmid, R., Brüssel, Karl Baedecker Verlag, Ostfildern 2010, p. 20
[38] Voir: Minke, A., Flamen und Wallonen- Zerreißprobe für Belgien?, dans: Kolboom, I./ Rill, B., Frankophonie- nationale und internationale Dimensionen, Hans- Seidel- Stiftung e.V., München 2002, p. 80
[39] Voir: Krämer, P., Der innere Konflikt in Begien: Sprache und Politik,Verlag Dr. Müller, Saarbrücken, 2010, p. 12
[40] Voir: Süßenbach, D., Der Flämisch-wallonische Konflikt: Ausschließlich ein Sprachenstreit?, Grin Verlag GmbH, Norderstedt, 2007, p. 8
[41] Voir: Krämer, P., Der innere Konflikt in Begien: Sprache und Politik,Verlag Dr. Müller, Saarbrücken, 2010, p. 26
[42] Voir: Le vif.be L´Express, Un oeil belge sur le conclave - Lorsque la guerre scolaire belge avait coupé le contact avec le Saint Siège, dans : http://www.levif.be/actualite/un-oeil-belge-sur-le-conclave-lorsque-la-guerre-scolaire-belge-avait-coupe-le-contact-avec-le-saint-siege/article-normal-143107.html, accès du 01.11.2014

encore la seule langue officielle.[43] Néanmoins, les tensions affectent négativement les espoirs de paix en Belgique. Le conflit se poursuit jusqu'au 20e siècle.[44]

2.2.4.4 La situation critique des classes laborieuses

Au conflit entre catholiques et libéraux, s'ajoutent des tensions entre employeurs et travailleurs.[45]Le 19e siècle est en effet marqué par des tensions sociales encore inconnues jusque là, dues à la situation critique de la classe laborieuse. A partir de 1830, les émeutes et les manifestations se multiplient. En 1885, la classe laborieuse fonde le parti travailliste belge, réclamant notamment le droit de participer aux élections au même titre que la noblesse. Cela conduit en 1893 à une réforme de la loi électorale, qui reconnaît à tous les citoyens de sexe masculin le droit de vote.[46] Le nombre d'électeurs en Belgique passe alors de 140 000 à 1,4 million.[47]Les travailleurs exigent par ailleurs un plus grand pouvoir de décision sur leur lieu de travail et s'opposent à certaines mesures prises par leurs employeurs. Des syndicats et des associations sont alors fondés pour défendre ces positions.[48]

2.2.5 Le mouvement flamand

En 1880 et après, la langue néerlandaise reste cependant négligée et les Flamands se mettent à réclamer davantage de droits. Certains représentants de la bourgeoisie cultivée flamande s'allient pour la préservation et la protection de la langue néerlandaise.[49] Leur objectif est de défendre une identité et une culture propres. A l'époque, leur mouvement rencontre une grande incompréhension et on leur reproche de réclamer une langue ne correspondant de toute façon pas à leur origine, puisque datant de l'occupation hollandaise de la Belgique. Cela souligne le degréde l'aversion pour les Français. Les Flamands se voient obligés de poursuivre le travail des ancêtres et lutter pour leur langue originale.[50]

---

[43] Voir: Krämer, P., Der innere Konflikt in Begien: Sprache und Politik,Verlag Dr. Müller, Saarbrücken, 2010, p. 26
[44] Voir: Krämer, P., Der innere Konflikt in Begien: Sprache und Politik,Verlag Dr. Müller, Saarbrücken, 2010, p. 26
[45] Voir: Ibid, p. 27
[46] Voir: Minke, A., Flamen und Wallonen- Zerreißprobe für Belgien?, dans: Kolboom, I./ Rill, B., Frankophonie- nationale und internationale Dimensionen, Hans- Seidel- Stiftung e.V., München 2002, p. 80
[47] Voir: Wissen.de (Hg.), 11.4.1893 dans : http://www.wissen.de/belgien-11-4-1893, du 25.10.2014
[48] Voir: Krämer, P., Der innere Konflikt in Begien: Sprache und Politik,Verlag Dr. Müller, Saarbrücken, 2010, p. 27
[49] Voir: Minke, A., Flamen und Wallonen- Zerreißprobe für Belgien?, dans: Kolboom, I./ Rill, B., Frankophonie- nationale und internationale Dimensionen, Hans- Seidel- Stiftung e.V., München 2002, p. 80
[50] Voir: Süßenbach, D., Der Flämisch-wallonische Konflikt: Ausschließlich ein Sprachenstreit?, Grin Verlag GmbH, Norderstedt, 2007, p. 6

2.2.5.1 La loi de l´égalité, un première réussite

En 1898, cependant, les revendications du mouvement flamand aboutissent à un premier succès : la loi d'égalité, qui met sur le même plan le néerlandais et le français, est votée. Les deux langues deviennent alors langues officielles de la Belgique. Les lois ont leur validité dans les deux langues et sont publiées en version bilingue. Pour les francophones, il s'agit d'une défaite politique.[51]

2.2.5.2 Les réussites flamandes dans le domaine de l'éducation

Avant les revendications du mouvement flamand, l'enseignementétait exclusivement dispensé en français. L'université de Gand, fondée en 1817 par le roi Guillaume I, avait d'abord eule néerlandais comme langue d'enseignement, puis le français à partir de la Révolution belge, l'université étant alors passée sous la direction de l'État belge indépendant. En 1930, l'université de Gand est le premier établissement d'enseignement supérieur où l'on parle le néerlandais, grâce à l'influence du mouvement flamand et à une pétition lancée en 1910. C´est une étape importante pour les Flamands qui réclament la néerlandisation de l'enseignement dans les régions néerlandophones.[52] En 1968, ils obtiennent que l'université de Louvain, qui était restée bilingue jusque-là, passe à un enseignement monolingue en néerlandais. Les Flamands qui réclamaient la séparation en deux départements, obtiennent que la partie francophone de l'université se déplace dans une ville spécialement fondée en Wallonie: Louvain-la-Neuve.[53]

2.2.5.3 Le conflit avec le roi Léopold III

Pendant la deuxième guerre mondiale, la Belgique est occupée par les Allemands et le roi Léopold III est fait prisonnier. Le monarque belge est alors accusé par son peuple de trahison et de négociations avec les nazis. Il est libéré en 1945 par les troupes américaines, mais n'est autorisé à retourner en Belgique qu'en 1950, suite à un référendum. Le 12 mars 1950, 57% des électeurs ont en effet voté pour le retour du roi Léopold et 43 %contre. À son retour, il rencontre néanmoins une résistance farouche à

---

[51] Voir: Krämer, P., Der innere Konflikt in Begien: Sprache und Politik,Verlag Dr. Müller, Saarbrücken, 2010, p. 31
[52] Universiteit Gent (Hg.), Ghent university at a glance, dans: https://www.ugent.be/en/ghentuniv/presentation/overview.htm, du 27.10.2014
[53] Voir : Ku Leuven (Hg.), History of Ku Leuven, dans: http://www.kuleuven.be/about/history-of-ku-leuven, du 27.10.2014

cause de son comportement ambigu pendant la guerre. Beaucoup de ses sujets mettent en doute sa loyauté et il est reçu avec des grèves et d'autres actions de protestation. La société est traversée de fortes lignes de démarcation qui conduisent presque à une guerre civile. Pour maintenir l'unité du pays et pour préserver la monarchie, le roi Léopold démissionne le 16 Juillet 1951 en faveur de son fils Baudouin. Cet événement souligne à nouveau le grand potentiel de conflit de la Belgique.[54]

2.2.5.4 La suprématie économique de la Flandre

L'économie de la Belgique joue un rôle important dans la relation entre Flamands et Wallons, c'est en effet également un grand facteur de conflit. Au cours du19^{e}siècle, l'économie belge connaît une période de floraison générale, à quelques petites exceptions près. La Belgique se spécialise très tôt dans la fonte des métaux non ferreux et est, dans ce domaine, technologiquement en avance de plusieurs décennies sur le reste de l'Europe.[55]Cependant, les installations industrielles se sont concentrées presque exclusivement en Wallonie, car c'est là que se trouvent les ressources minérales nécessaires à la production de fer et d'acier. L'économie et la prospérité corrélatives sont donc à nouveau dominées par l'élite de langue française. Pour les Flamands, cela signifie un accès à l'emploi plus difficile, et par conséquent un pouvoir économique plus faible et une participation à la vie civique moindre. Les fondements d'une situation de conflit sont ainsi à nouveau créés.[56] Après la Seconde Guerre mondiale, la Belgique perd peu à peu sa suprématie dans l'industrie du charbon et de l'acier au profit de la région de la Ruhr[57].Les centrales de charbon en Wallonie sont fermées et la Belgique doit revoir fondamentalement son orientation économique. Les Flamands ont néanmoins l'avantage de disposer d'un accès à la mer et donc de nombreux ports. Le port d'Anvers devient le nouveau centre industriel du pays. En outre, la Flandre produit et exporte en masse des biens dans le domaine chimique, puis elle défie la région wallone sur son propre domaine, construisant l'aciérie la plus moderne de Belgique à Gand. L'écart de productivité entre la Flandre et la Wallonie s'accentue donc

[54] Voir: Minke, A., Flamen und Wallonen- Zerreißprobe für Belgien?, dans: Kolboom, I./ Rill, B., Frankophonie- nationale und internationale Dimensionen, Hans- Seidel- Stiftung e.V., München 2002, p. 82
[55] Voir: Süßenbach, D., Der Flämisch-wallonische Konflikt: Ausschließlich ein Sprachenstreit?, Grin Verlag GmbH, Norderstedt, 2007, p. 10
[56] Voir: Krämer, P., Der innere Konflikt in Begien: Sprache und Politik,Verlag Dr. Müller, Saarbrücken, 2010, p. 27
[57] Voir: Süßenbach, D., Der Flämisch-wallonische Konflikt: Ausschließlich ein Sprachenstreit?, Grin Verlag GmbH, Norderstedt, 2007, p. 10

énormément : Alors qu'un travailleur en Wallonie produit 277,4 tonnes par an en moyenne, un travailleur en Flandre produit dans la même période, 426,7 tonnes d'acier.[58]

2.2.5.5 La fédéralisation de la Belgique

Le mouvement flamand crée un nouveau parti, qui en 1958 gagne un siège au Parlement pour la première fois. Dans les années 1960-1970, une séparation organisationnelle conséquente se produit entre une partie néerlandophone et une partie francophone, qui ont chacune une certaine indépendance. Toutefois, le gouvernement de la Belgique se prononce contre une structure fédérale de l'État en 1962, considérant que cela conduirait très vraisemblablement à un éclatement de la Belgique. Le gouvernement opte plutôt pour une division de la Belgique en sept zones linguistiques. Avec les lois du 30 juillet et du 2 août 1963, la langue utilisée dans l'administration et l'éducation est également redéfinie : la langue du territoire devient langue administrative et langue d'enseignement. A Bruxelles, qui est bilingue à ce jour, chaque enfant a sa langue maternelle comme langue d'introduction[59]En 1970-1971, l'autonomie culturelle des différentes parties de la Belgique est régie par une première réforme constitutionnelle. En 1978, la deuxième réforme constitutionnelle suit : la Belgique est alors divisée en quatre parties, celles que nous connaissons aujourd'hui. La question de l'éducation est réglée en 1990 avec la troisième réforme constitutionnelle.[60]

2.2.5.6 Des problèmes persistant au 21ᵉ siècle

Depuis 1963, un certain nombre de communes de Belgique disposent d'un statut particulier : on les appelle «communes à facilités linguistiques ».

---

[58] Voir: Der Spiegel (Hg.), Ein freies Flandern in einem freien Belgien, dans: http://www.spiegel.de/spiegel/print/d-14339898.html, du 27.10.2014

[59] Voir: Minke, A., Flamen und Wallonen- Zerreißprobe für Belgien?, dans: Kolboom, I./ Rill, B., Frankophonie- nationale und internationale Dimensionen, Hans- Seidel- Stiftung e.V., München 2002, p. 83

[60] Voir: Ibid, p. 84

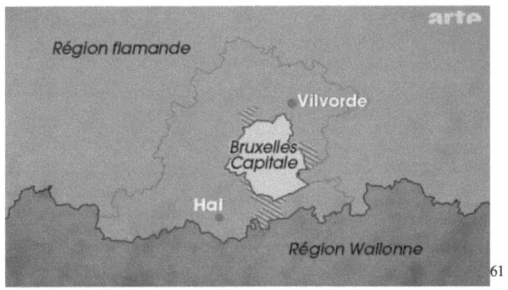

Les résidents de ces communes, dans leur communication avec l'administration locale, peuvent utiliser au choix le néerlandais ou le français. En outre, les informations et communiqués destinés à la population doivent être bilingues. Les citoyens peuvent choisir dans quelle langue ils veulent obtenir certains documents officiels. Par ailleurs, si la demande est suffisante, les écoles maternelles et primaires doivent offrir un enseignement de la deuxième langue.[62] Ces communautés existent tant en Wallonie qu'en Flandre et sont fréquemment l'objet de débats houleux. Mais c'est surtout au sujet des communes en périphérie de Bruxelles que les discussions sont les plus vives. En effet, Bruxelles et les communes à facilités forment avec les 35 communes du Brabant flamand une circonscription électorale commune dénommée Bruxelles-Hal-Vilvorde. Les citoyens qui y résident peuvent voter tant pour des partis flamands que francophones. Et le problème est surtout que les francophones résidant dans les communes néerlandophones peuvent voter aux élections législatives et européennes pour des candidats francophones bruxellois. Le part francophone veut obtenir ces privilèges. Le part flamand appelle à une scission de Bruxelles-Hal-Vilvoorde et à l'abolition des six communes controversées autour de Bruxelles, arguant qu'il serait injuste que les habitants francophones jouissent de privilèges dans les communes flamandes. Les citoyens francophones dans les communes flamandes devraient s'intégrer dans leur environnement flamand, dans la mesure où il n'existe pas de système équivalent pour les habitants flamands dans les communautés wallonnes.[63]En 2011, cette dispute des partis politiques a failli aboutir à la dislocation du pays. En effet,

---

[61] Voir: Arte (Hg.),Zerbricht Belgien?, dans: http://ddc.arte.tv/unsere-karten/zerbricht-belgien, du 28.10.2014

[62] Voir: Sochorek (Sochorek,R.), Belgische Fazilitäten-Gemeinden, dans: http://www.sochorek.cz/de/pr/blog/1340233482-belgische-fazilitatengemeinden.htm, du 28.10.2014

[63] Voir : Arte Journal(Hg.), Belgien: Stichwort „BHV", dans: http://www.arte.tv/de/belgien-stichwort-bhv/4195918,CmC=4195982.html, du 28.10.2014

incapable de trouver un accord à même de résoudre les tensions entre Flamands et Wallons, la Belgique n´a pas eu de gouvernement pendant 541jours.[64]

3. Conclusion: regard sur l´avenir de la Belgique

Jusqu'à aujourd'hui, des compromis ont toujours fini par être trouvés, toutefois on peut douter de la persistance à long terme d'une Belgique unie. La bataille des langues en Belgique n´est pas seulement l'expression d'une rivalité entre les langues néerlandaise et française, mais le produit d'une histoire complexe. Elle déborde la question linguistique et touche en réalité à la culture, la religion, l'idéologie et l'économie.[65]C'est ce qui explique qu'elle soit si difficile à apaiser. Aujourd'hui encore les Flamands comme les Wallons ont peur de perdre de leur influence et on peut donc considérer que la question n'est pas définitivement réglée.[66] Est-il vrai, que la Belgique, comme les moqueurs aiment le dire, ne tient que par la monarchie, la capitale européenne Bruxelles, les dettes nationales et l'équipe nationale de football? On peut en partie souscrire à ce point de vue[67], ces facteurs n'étant sans doute pas complètement négligeables,[68]mais puisque le pays a su sortir de la crise sans que ses institutions n'explosent, on peut tout de même espérer que quelque chose de plus fort unit les Belges. On peut être d'accord avec Jules Destrée qui disait dans sa lettre au roi en 1912 : « Il n´y a pas de Belges, mais des Wallons et des Flamands»[69]. Mais rien ne dit que cela doive toujours rester le cas. La fin de l'histoire belge reste ouverte.[70]

[64] Die Welt, Belgien rettet sich in letzer Minute vor dem Zerfall (Bolzen, S.), dans:
http://www.welt.de/politik/ausland/article13607493/Belgien-rettet-sich-in-letzter-Minute-vor-dem-Zerfall.html, du 28.10.2014
[65] Voir: Süßenbach, D., Der Flämisch-wallonische Konflikt: Ausschließlich ein Sprachenstreit?, Grin Verlag GmbH, Norderstedt, 2007, p. 5
[66] Voir: Kellerer, B., Konfliktlinien, regionale Identitäten und ihre Auswirkungen auf das politische System Belgiens, Grin Verlag GmbH, Norderstedt, 2010, p. 21
[67] Voir: Minke, A., Flamen und Wallonen- Zerreißprobe für Belgien?, dans: Kolboom, I./ Rill, B., Frankophonie- nationale und internationale Dimensionen, Hans- Seidel- Stiftung e.V., München 2002, p. 85
[68] Voir: Kellerer, B., Konfliktlinien, regionale Identitäten und ihre Auswirkungen auf das politische System Belgiens, Grin Verlag GmbH, Norderstedt, 2010, p. 21
[69] Der Spiegel (Hg.), Zwei Völker, dans: http://www.spiegel.de/spiegel/print/d-13524578.html, du 28.10.2014
[70] Voir: Minke, A., Flamen und Wallonen- Zerreißprobe für Belgien?, dans: Kolboom, I./ Rill, B., Frankophonie- nationale und internationale Dimensionen, Hans- Seidel- Stiftung e.V., München 2002, p. 85

4. La littérature critique

Ballin, S. (et al.), Horizons, Ernst Klett Verlag, Leipzig, 2012, p. 78

Eisenschmid, R., Brüssel, Karl Baedecker Verlag, Ostfildern 2010

Fischer, W./ Le Plouhinec, A., Mots et contexte, Thematischer Oberstufenwortschatz Französisch, Ernst Klett Verlag, Stuttgart 2011, p. 198

Kellerer, B., Konfliktlinien, regionale Identitäten und ihre Auswirkungen auf das politische System Belgiens, Grin Verlag GmbH, Norderstedt, 2010, p. 21

Kolboom, I., Frankophonie: Der lange Weg eines Begriffs zur politischen Bewegung (1880-1998), dans: Kolboom, I./ Rill, B., Frankophonie- nationale und internationale Dimensionen, Hans- Seidel- Stiftung e.V., München 2002

Krämer, P., Der innere Konflikt in Begien: Sprache und Politik,Verlag Dr. Müller, Saarbrücken, 2010

Michael, T., Diercke Weltatlas, Westermann Druck, Braunschweig, 2002, p. 68

Minke, A., Flamen und Wallonen- Zerreißprobe für Belgien?, dans: Kolboom, I./ Rill, B., Frankophonie- nationale und internationale Dimensionen, Hans- Seidel- Stiftung e.V., München 2002

Sparrer, P., Brüssel, Sprachenstreit und Kulturkampf, Michael Müller Verlag GmbH, Erlangen 2011, p. 25

Süßenbach, D., Der Flämisch-wallonische Konflikt: Ausschließlich ein Sprachenstreit?, Grin Verlag GmbH, Norderstedt, 2007

Arte (ARTE G.E.I.E.), Zerbricht Belgien?, dans: http://ddc.arte.tv/unsere-karten/zerbricht-belgien, accès du 28.10.2014

Arte Journal (Dürr, F.), Belgien: Stichwort „BHV", dans: http://www.arte.tv/de/belgien-stichwort-bhv/4195918,CmC=4195982.html, accès du 28.10.2014

Belgien Tourismus (Wallonie-Bruxelles Tourisme), Städte in Südbelgien, dans: http://www.belgien-tourismus.de/contenus/stadte-in-sudbelgien/de/4985.html, accès du 10.10.2014

Bündnis 90/ Die Grünen (Franke, C.), Der flämisch-wallonische Konflikt und die Lösung über den europäischen Weg, dans: http://christian-franke.org/belgien-der-flamisch-wallonische-konflikt/2/, accès du 07.10.2014

Der Spiegel (SPIEGEL-Verlag Rudolf Augstein GmbH & Co. KG.), Ein freies Flandern in einem freien Belgien, dans: http://www.spiegel.de/spiegel/print/d-14339898.html, accès du 27.10.2014

Der Spiegel (SPIEGEL-Verlag Rudolf Augstein GmbH & Co. KG.), Zwei Völker, dans: http://www.spiegel.de/spiegel/print/d-13524578.html, accès du 28.10.2014

Die Welt der Habsburger (Schloß Schönbrunn Kultur- und Betriebsges.m.b.H.), Joseph II., dans: http://www.habsburger.net/de/personen/habsburger-herrscher/joseph-ii, accès du 12.10.2014

Die Welt, Belgien rettet sich in letzer Minute vor dem Zerfall (Bolzen, S.), dans: http://www.welt.de/politik/ausland/article13607493/Belgien-rettet-sich-in-letzter-Minute-vor-dem-Zerfall.html, accès du 28.10.2014

Flaggenlexikon (Preuß, V.), Deutschsprachige Gemeinschaft in Belgien, dans: http://www.flaggenlexikon.de/fbelgd.htm#Zahlen, accès du 11.10.2014

Ku Leuven (Ku Leuven), History of Ku Leuven, dans: http://www.kuleuven.be/about/history-of-ku-leuven, accès du 27.10.2014

La Communauté germanophone de Belgique, Carte de la Communauté germanophone, dans : http://www.axl.cefan.ulaval.ca/europe/belgique_cartegermanophone.htm, accès du 11.10.2014

Le vif.be L´Express (Le vif.be), Un oeil belge sur le conclave - Lorsque la guerre scolaire belge avait coupé le contact avec le Saint Siège, dans : http://www.levif.be/actualite/un-oeil-belge-sur-le-conclave-lorsque-la-guerre-scolaire-belge-avait-coupe-le-contact-avec-le-saint-siege/article-normal-143107.html, accès du 01.11.2014

Organisation international de la francophonie (Organisation international de la francophonie), Qu´est-ce que la francophonie, dans: http://www.francophonie.org/-Qu-est-ce-que-la-Francophonie-.html, accès du 09.09.2014

Organisation international de la francophonie (Organisation international de la francophonie), Le Sommet, dans: http://www.francophonie.org/Le-Sommet.html, accès du 09.09.2014

Sochorek, R., Sochorek, Wallonisch-ein französischer Dialekt ?, dans: http://www.sochorek.cz/de/pr/blog/1137530770-wallonisch-ein-franzosischer-dialekt.htm, accès du 11.10.2014

Sochorek,R., Sochorek, Belgische Fazilitäten-Gemeinden, dans: http://www.sochorek.cz/de/pr/blog/1340233482-belgische-fazilitatengemeinden.htm, accès du 28.10.2014

Sueddeutsche.de (Süddeutscher Verlag), Flandern, dans: http://www.sueddeutsche.de/thema/Flandern, accès du 11.10.2014

Universiteit Gent (Ghent University), Ghent university at a glance, dans: https://www.ugent.be/en/ghentuniv/presentation/overview.htm, accès du 27.10.2014

Wissen.de (Konradin Medien GmbH), 11.4.1893, dans :

http://www.wissen.de/belgien-11-4-1893, accès du 25.10.2014

Wissen.de (Konradin Medien GmbH), Januar 1790- Brabant, dans:
http://www.wissen.de/brabant-januar-1790, accès du 12.10.2014